LEBKUCHEN-WIRRWARR

Schaut euch dieses Durcheinander an! Wer hat denn hier auf dem Backblech alles so durcheinandergebracht? Eigentlich wolltet ihr im Freundeskreis nur Lebkuchenmänner verschenken, die exakt so aussehen, **wie dieser hier**. Wie viele Lebkuchenmänner könnt ihr also verschenken?

LÖSUNG

18 LEBKUCHEN-
MÄNNER SEHEN
EXAKT SO AUS WIE
DER ABGEBILDETE.

Aber ihr grübelt immer
noch, wer wohl dieses
Durcheinander auf
dem Backblech ange-
stellt haben könnte ...

24
WICHTEL-RÄTSEL
ADVENTS-RÄTSELSPASS MIT DEN WICHTELN
DER BESONDERE ADVENTS-KALENDER

O WICHTEL-BAUM ...

Erwischt! Ein kleiner Wichtel ist bis zur Spitze des Weihnachtsbaums hinaufgeklettert und sitzt dort fest. Helft dem armen Tropf, einen Pfad von der Spitze bis zum Stamm zu finden.

LÖSUNG

WICHTELIGE SCHNEE-MÄNNER

Der Wichtel hat zum Dank für eure gestrige Hilfe zwei völlig identische Schneemänner im Garten gebaut. Doch weit gefehlt! Wichtel lieben es, kleine Fehler einzubauen. **Findet die fünf Unterschiede im rechten Schneemann!**

LÖSUNG

ADVENT-SUDOKU

Heute hat euch euer Wichtel ein kleines Mini-Sudoku vorbereitet. Tragt die Buchstaben des Wortes ADVENT so ein, dass die Buchstaben **genau einmal** in jeder Reihe, in jeder Spalte sowie in jedem umrahmten Bereich aus sechs Feldern vorkommen.

V	N	T	E	D	A
E	A	D	N	V	T
N	V	E	A	T	D
D	T	A	V	N	E
T	E	V	D	A	N
A	D	N	T	E	V

ERRATET DAS WEIHNACHTS-LIED!

Hört, das ist das Lieblings-Weihnachts-lied eures Wichtels. **Versucht den Titel mit möglichst we-nigen Hinweisen zu erraten!**

* Das Weihnachtslied wurde in Deutschland geschrieben.

* Es wurde von mehreren Personen interpretiert, 2015 zum Beispiel von Helene Fischer.

* In dem Lied kommen unter anderem die Wörter »Zucker« und »Nüsse« vor.

* Das Lied erschien 1987 auf dem Album »Winterkinder«.

* Text und Melodie des Weihnachts-liedes stammen von Rolf Zuckowski.

* In dem Lied geht es ums Plätzchenbacken.

LÖSUNG

Das populäre Weihnachtslied **»In der Weihnachtsbäckerei«** hat sich Rolf Zuckowski während einer Autofahrt im Dezember 1986 ausgedacht, nachdem er am Autotelefon erfahren hatte, dass Frau und Kinder daheim gerade Plätzchen backen. Seit der Veröffentlichung im Jahr 1987 hat sich das Lied zu einem echten Weihnachtslied-Klassiker entwickelt. Auch bei den Wichteln!

WEIHNACHTS-WICHTELN

6

Der Wichtel schaut drei Frauen beim Weihnachts-wichteln zu. Findet den Vornamen, das Geburtsjahr und das Wichtel-geschenk der drei Frauen heraus!

* Michaela ist nicht die älteste der drei Frauen.

* Nicole wurde weder 1967 noch 1978 geboren.

* Romy bekommt keinen Postkartenkalender.

* Die 1967 geborene Frau bekommt den Schoko-ladennikolaus.

* Nicole bekommt nicht den Schlüsselanhänger.

* Die 1936 geborene Frau heißt nicht Romy.

LÖSUNG

ROMY · 1967 · SCHOKOLADENNIKOLAUS

MICHAELA · 1978 · SCHLÜSSELANHÄNGER

NICOLE · 1986 · POSTKARTENKALENDER

HELFT DEM ARMEN WICHTEL

Der Wichtel hat sich verirrt! Zeigt ihm den Weg zurück zu seiner Wichteltür. Zeichnet dazu eine durchgängige Linie innerhalb des Quadrats, die alle goldenen Punkte berührt. Die Linie darf sich nicht selbst schneiden. Sie soll aus zwölf geraden Strichen bestehen, die waagerecht, senkrecht und diagonal verlaufen dürfen.

LÖSUNGSBEISPIEL

GESCHENKEEINKAUF
8
Nebenan im Nachbarhaus müssen die Eltern heute Geschenke für ihre Kinder kaufen, und zwar für jedes Kind eines. Ihr Sohn Tom hat genauso viele Schwestern wie Brüder. Ihre Tochter Mara hat aber nur halb so viele Schwestern wie Brüder.
Wie viele Geschenke müssen die Eltern kaufen?

LÖSUNG

DIE ELTERN MÜSSEN SIEBEN GESCHENKE KAUFEN, DENN SIE HABEN DREI TÖCHTER UND VIER SÖHNE.

FRÖHLICH GESCHERZT

Euer Wichtel liebt wie alle Wichtel Scherzfragen. Hier seine Top Five. Könnt ihr sie alle beantworten?

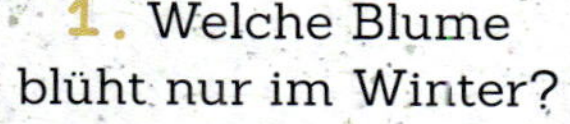

1. Welche Blume blüht nur im Winter?

2. Wo gehen Schneemänner am Wochenende hin?

3. Warum bezahlen Schneemänner ausschließlich mit Bargeld?

4. Warum wird der Schlitten des Weihnachtsmanns von Rentieren gezogen?

5. Warum klettern manche Menschen im Dezember immer zum Fenster raus?

LÖSUNG

1. DIE EISBLUME.

2. ZU EINEM SCHNEEBALL.

3. IHRE KONTEN WURDEN EINGEFROREN.

4. SCHLITTENHUNDE KÖNNEN NICHT FLIEGEN.

5. WEIHNACHTEN STEHT VOR DER TÜR.

WICHTEL-SUCHE

Zehn kleine Wichtel haben sich in eurem Garten versteckt! Die Zahlen geben an, wie viele Wichtel sich jeweils in einem waagerecht, senkrecht oder diagonal angrenzenden Feld befinden.

Könnt ihr alle zehn Wichtel finden?

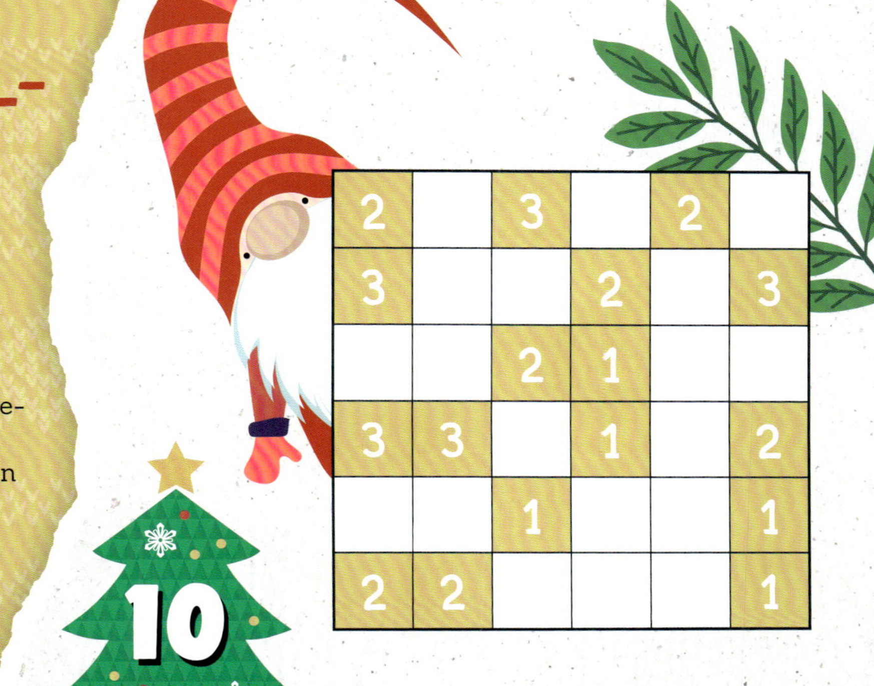

LÖSUNG

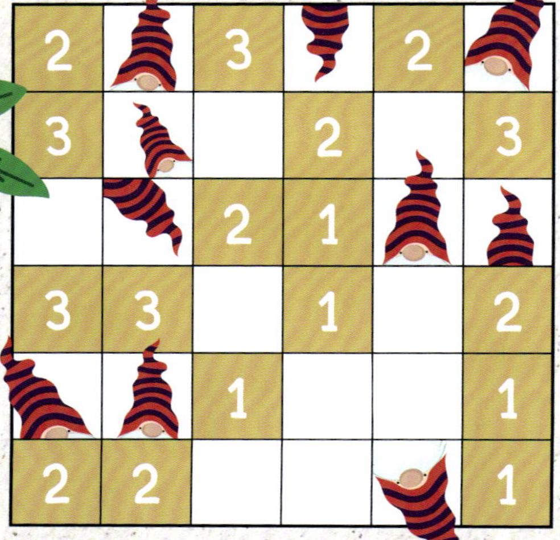

VERDREHTE ANSICHTEN

Ach, wie schön! Elf identische Wichtel tanzen in einer Schneekugel zwischen den wirbelnden Flocken auf und ab. Doch Moment mal! **Tatsächlich unterscheidet sich ein Wichtel von den anderen zehn**. Findet ihn!

LÖSUNG

DER MARKIERTE
WICHTEL WURDE
HORIZONTAL
GESPIEGELT.

NACHRICHTEN MIT EMOJIS

Euer Wichtel ist technisch ganz schön auf Zack! Immer wieder mal sendet er euch kurze Nachrichten aufs Handy.

Welche Weihnachtslieder werden hier mit Emojis dargestellt?

12

LÖSUNG

1. STILLE NACHT
2. O DU FRÖHLICHE
3. LET IT SNOW!
   LET IT SNOW!
   LET IT SNOW!
4. KLING, GLÖCKCHEN,
   KLINGELINGELING

WICHTELIG AUFGETEILT

Hat hier euer Wichtel etwa wieder alles durcheinander-gebracht? Ganz im Gegenteil: Mit **genau zwei geraden Linien** könnt ihr alles so aufteilen, dass drei Personen die gleichen Leckereien erhalten.

LÖSUNG

GLÜHWEIN-WICHTELN

Im Nachbarhaus wird fröhlich Glühwein gebechert. Der Wichtel will ebenfalls einen kleinen Schluck abbekommen – exakt 0,1 Liter. Zum Abmessen stehen ihm aber nur ein 0,5-Liter-Gefäß und ein 0,3-Liter-Gefäß zur Verfügung.

Wie geht der schlaue Wichtel also vor?

LÖSUNG

1. Der Wichtel füllt zuerst das 0,3-Liter-Gefäß voll.

2. Den Inhalt des 0,3-Liter-Gefäßes gießt er anschließend in das 0,5-Liter-Gefäß.

3. Nun füllt der Wichtel erneut das 0,3-Liter-Gefäß voll.

4. Er füllt das 0,5-Liter-Gefäß mit 0,2 Litern aus dem 0,3-Liter-Gefäß auf – im 0,3-Liter-Gefäß verbleiben die gewünschten 0,1 Liter!

GEFÄLSCHTER WEIHNACHTSMANN

Ja, ist denn heut' schon Weihnachten? Euer Wichtel hat zwei identische Bilder vom Weihnachtsmann gemalt. Fünf Fehler haben sich dabei eingeschlichen. **Findet diese Fehler in der rechten Abbildung!**

LÖSUNG

WIE GUT KENNT IHR DIE WEIHNACHTSGESCHICHTE?

Apropos Weihnachten: Die Weihnachtsgeschichte habt ihr schon oft gehört, aber was wisst ihr wirklich darüber?

Testet euer Wissen und entscheidet, welche der folgenden Aussagen wahr und welche ausgedacht sind!

16

1. Die Geburt Jesu wird nicht in allen vier Evangelien geschildert.

2. Der Weihnachtsgeschichte zufolge wurde Jesus in Nazareth geboren.

3. In der Bibel kommen die »Heiligen Drei Könige« nirgends vor.

4. Der römische Kaiser zur Zeit von Jesu Geburt war Herodes der Große.

5. Maria und Josef waren nicht verheiratet, als Jesus geboren wurde.

LÖSUNG

1. **Richtig!** In den Evangelien nach Markus und Johannes kommt die Geburt Jesu nicht zur Sprache, in den Evangelien nach Matthäus und Lukas hingegen schon.

2. **Falsch!** Maria und Josef stammten zwar aus Nazareth, der Geburtsort Jesu ist jedoch Bethlehem.

3. **Richtig!** Im Matthäusevangelium wird weder die Zahl 3 genannt, noch handelt es sich um Könige, sondern um Weise, Magier oder Sterndeuter.

4. **Falsch!** Herodes war lediglich judäischer König, der römische Kaiser zur Zeit von Jesu Geburt hieß Augustus.

5. **Richtig!** Maria und Josef waren zu diesem Zeitpunkt lediglich verlobt.

SUDOKU-STERN
ÜBER BETHLEHEM

Als kleine Wichtelei ist dieser Stern bereits für euch aufgegangen. Tragt die Zahlen von 1 bis 9 in die leeren Felder ein, und zwar so, dass die Zahlen in jedem Dreieck und in jeder Reihe, auch wenn diese unterbrochen ist, genau einmal vorkommen. Die Zacken des Sternes werden zu den äußeren Reihen gezählt.

17

LÖSUNG

GESCHENKE-DURCHEINANDER

Auweia, der Wichtel hat bei der Nachbarfamilie die Geschenke durcheinandergebracht. Und deren Eltern hatten vergessen, die Geschenke für ihre drei Kinder zu beschriften!

Wer bekommt denn nun welches?

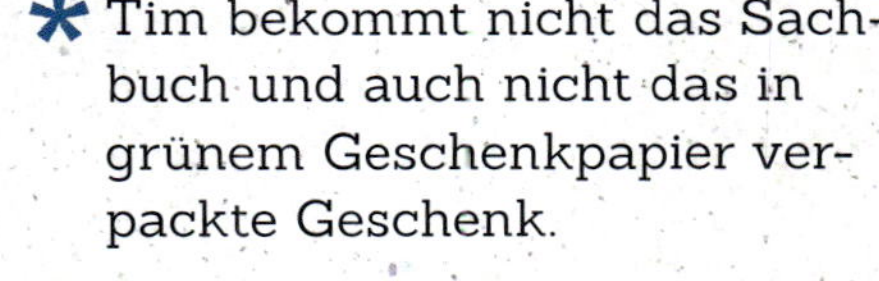

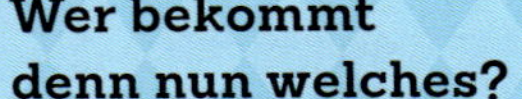

* Tim bekommt nicht das Sachbuch und auch nicht das in grünem Geschenkpapier verpackte Geschenk.

* Der Fantasy-Roman ist in rotem Geschenkpapier verpackt.

* Das Geschenk von Tammi ist nicht in goldenem Geschenkpapier verpackt.

* Tammi bekommt nicht den Comic und auch nicht das in rotem Geschenkpapier verpackte Geschenk.

* Das Geschenk von Tom ist nicht in goldenem Geschenkpapier verpackt.

LÖSUNG

TIM: COMIC
GOLDENES GESCHENKPAPIER

TOM: FANTASY-ROMAN
ROTES GESCHENKPAPIER

TAMMI: SACHBUCH
GRÜNES GESCHENKPAPIER

WEITE WICHTELWEGE

Um euren Wichtel wieder ins Haus zu locken, habt ihr ein Geschenk für ihn. Das darf er aber nicht auf direktem Weg erreichen! Füllt die Felder so aus, dass die Zahlen an den Rändern jeweils angeben, wie viele Felder in dieser Reihe oder Spalte gefüllt sind. Die eingezeichnete Strecke vom Wichtel zu seinem Geschenk **darf sich an keiner Stelle selbst berühren**, auch nicht diagonal.

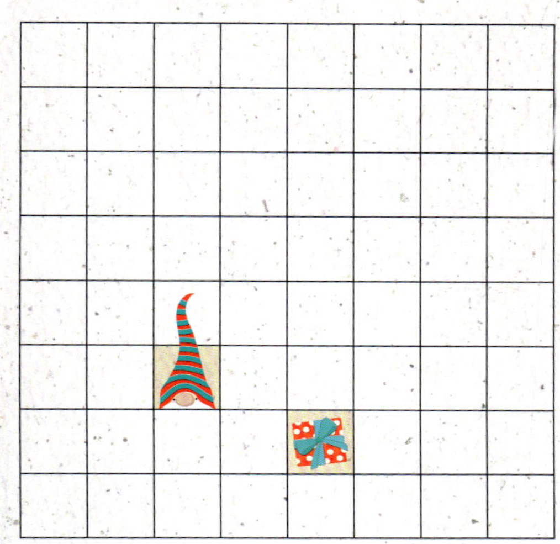

LÖSUNG

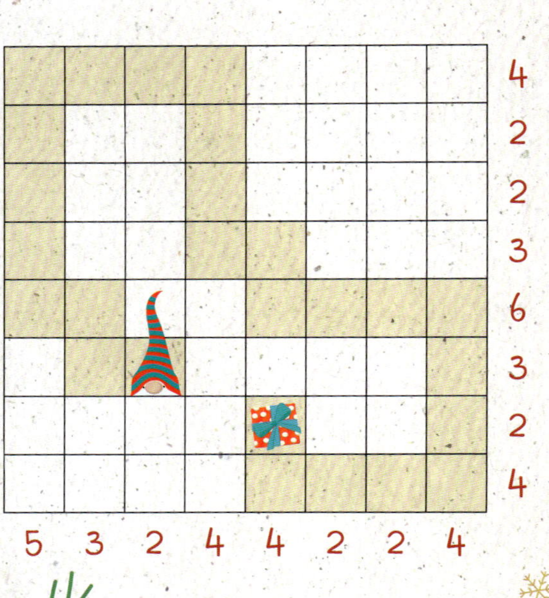

RÜTTEL DICH UND SCHÜTTEL DICH

Der Wichtel ist einfach zu neugierig! Er schüttelt heimlich alle Geschenke, mit denen ihr euch beschenken wollt. Was könnte wohl in den Päckchen drin sein? Bringt die Buchstaben in die richtige Reihenfolge, um herauszufinden, was ihr alles zu Weihnachten geschenkt bekommt.

1. MATHESPORN
2. ROLLRETTER
3. NIKOTINGESUCH
4. CREMEPOPULIST
5. CLOWNSKOLE

LÖSUNG

1. SMARTPHONE
2. TRETROLLER
3. KINOGUTSCHEIN
4. COMPUTERSPIEL
5. WOLLSOCKEN (VON OMA)

EISZAPFEN-RÄTSEL

Euer Wichtel hat draußen in der eiskalten Nacht noch ein cleveres Rätsel für euch vor-bereitet. Bringt **genau zwei Eiszapfen** in eine andere Position, damit das Haus in die andere Richtung zeigt.

LÖSUNG
1
2

ALLERLEI CHRISTBÄUME

Überraschung für euch: Die Wichtel aus der Nachbarschaft haben zehn Christbäume unterschiedlich geschmückt. Ach, doch nicht: **Zwei sind völlig gleich. Welche?**

LÖSUNG

WICHTEL
IN DER NACHT

Flink versuchen die Wichtel dem Lichtschein der Taschenlampe auszuweichen. Doch wo haben sie sich nun versteckt? Jede Zahl in einem dunklen Feld gibt an, wie viele Wichtel von dort aus in der jeweiligen Reihe oder Spalte versteckt sind. Befindet sich ein Wichtel hinter einem anderen dunklen Feld, wird er nicht mitgezählt. **Markiert die Position der fünf Wichtel in dem Quadrat!**

1		1		
	2			
2				2
			1	
	3			

LÖSUNG

WEIHNACHTS-SINGEN

Ja, haben die denn nicht alle Nadeln an der Tanne? Drei kleine Wichtel singen gemeinsam unterm Christbaum – aber jeder ein anderes Lied. **Setzt die Silben zu drei bekannten Weihnachtsliedern zusammen!**

24

O TANNENBAUM

Die Melodie von »O Tannenbaum« gab es schon im 16. Jahrhundert, Ernst Anschütz (1780–1861) machte 1824 ein Weihnachtslied daraus.

IHR KINDERLEIN, KOMMET

Die Melodie dieses Liedes wurde von Johann Abraham Peter Schulz (1747–1800) komponiert, der Text stammt von Christoph von Schmid (1768–1854), dem erfolgreichsten Jugendbuchautor der damaligen Zeit.

VOM HIMMEL HOCH, DA KOMM ICH HER

Text und Melodie dieses berühmten Weihnachtsliedes stammen vom deutschen Reformator Martin Luther (1483–1546).